El himno nacional

Julie Murray

Abdo Kids Junior es una
subdivisión de Abdo Kids
abdobooks.com

Abdo
SÍMBOLOS DE LOS
ESTADOS UNIDOS
Kids

abdobooks.com

Published by Abdo Kids, a division of ABDO, P.O. Box 398166, Minneapolis, Minnesota 55439.
Copyright © 2020 by Abdo Consulting Group, Inc. International copyrights reserved in all countries.
No part of this book may be reproduced in any form without written permission from the publisher.
Abdo Kids Junior™ is a trademark and logo of Abdo Kids.

Printed in the United States of America, North Mankato, Minnesota.

102019

012020

Spanish Translator: Maria Puchol

Photo Credits: Alamy, AP Images, Getty Images, Granger Collection, iStock, Shutterstock

Production Contributors: Teddy Borth, Jennie Forsberg, Grace Hansen

Design Contributors: Christina Doffing, Candice Keimig, Dorothy Toth

Library of Congress Control Number: 2019943986

Publisher's Cataloging-in-Publication Data

Names: Murray, Julie, author.

Title: El himno nacional/ by Julie Murray.

Other title: National Anthem. Spanish

Description: Minneapolis, Minnesota : Abdo Kids, 2020. | Series: Símbolos de los Estados Unidos |
    Includes online resources and index.

Identifiers: ISBN 9781098200770 (lib.bdg.) | ISBN 9781644943786 (pbk.) | ISBN 9781098201753
    (ebook)

Subjects: LCSH: National songs--Juvenile literature. | National anthems--Juvenile literature. | Star-
    spangled banner (Song)--Juvenile literature. | Emblems, National--United States--Juvenile literature. |
    Spanish language materials--Juvenile literature.

Classification: DDC 973.711--dc23

Contenido

El himno nacional

Mae está de pie. Su mano está sobre su corazón. Está cantando.

¿Qué está cantando?

The Star-Spangled Banner!

El himno nacional.

Es una canción especial.

Honra a los Estados Unidos.

8

9

Trata sobre una batalla.

La batalla ocurrió en 1814.

Las bombas resplandecían,
alumbraban la noche.

Cuando la batalla terminó,
la bandera todavía ondeaba.

Meg observa la bandera.

Está en un museo.

O! SAY CAN YOU SEE, BY THE DAWN'S EARLY LIGHT,
WHAT SO PROUDLY WE HAIL'D AT THE TWILIGHT'S LAST GLEAMING,
WHOSE BROAD STRIPES AND BRIGHT STARS THROUGH THE PERILOUS FIGHT
O'ER THE RAMPARTS WE WATCH'D WERE SO GALLANTLY STREAMING?
AND THE ROCKETS' RED GLARE, THE BOMBS BURSTING IN AIR,
GAVE PROOF THROUGH THE NIGHT THAT OUR FLAG WAS STILL THERE;
O! SAY, DOES THAT STAR-SPANGLED BANNER YET WAVE,
O'ER THE LAND OF THE FREE, AND THE HOME OF THE BRAVE?

17

Hoy en día este himno se canta en **eventos**. Tom sostiene la bandera.

Jane está en un partido.

¡Está cantando!

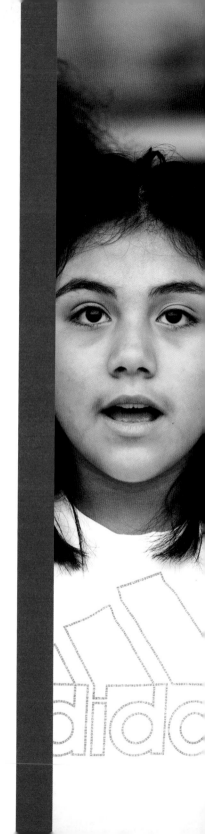

The Star-Spangled Banner

Glosario

honrar
respetar.

evento
todo lo que acontece. Los eventos pueden ser sociales u oficiales.

museo
edificio donde se conservan y exponen al público objetos que son importantes para la historia, el arte o la ciencia.

Índice

¡Visita nuestra página
abdokids.com y usa este
código para tener acceso
a juegos, manualidades,
videos y mucho más!

Usa este
código Abdo Kids

UNK5380

¡o escanea este
código QR!